LE SÉNÉGAL

ET

SON AVENIR

Par Frédéric CARRÈRE

Président honoraire de la Cour Impériale

du Sénégal.

BORDEAUX

IMPRIMERIE A. PÉREY, RUE PORTE-DIJEAUX, 43

1870

LE SÉNÉGAL & SON AVENIR

LE SÉNÉGAL

ET

SON AVENIR

L'attention publique se porte, depuis un temps, vers nos établissements d'outre-mer; le moment me semble donc venu de jeter un coup d'œil sur notre colonie du Sénégal.

Les idées que je vais émettre trouveront, sans doute, des contradicteurs; mais animé d'un sentiment très-vif pour le bien d'un pays où j'ai séjourné pendant vingt-cinq ans, plein de confiance en l'avenir d'une colonie que, déjà, j'ai cherché à faire connaître, je dois rompre toute hésitation.

Si, cependant, mes idées paraissent justes, si elles sont appréciées, je désire qu'une main ferme, lançant le Sénégal dans une voie de prospérité, mette ce pays à la place qui lui est due, c'est-à-dire, selon moi, à la tête de nos établissements d'outre-mer.

En 1852 (vous voyez que je date de loin), initié par une étude de douze ans aux questions diverses qui se rattachaient au Ségal, je me demandai s'il ne serait pas utile et opportun d'appeler sur la Sénégambie l'attention de l'autorité métropolitaine.

Mes idées sur l'importance future du Sénégal étaient partagées, dès cette époque, par M. Marc Maurel, négociant, homme d'un cœur et d'un esprit très-distingués.

Nous rédigeâmes, en ce temps, chacun de son côté, un Mémoire qui mérita l'approbation de M. Théodore Ducos, cet éminent ministre de la marine et des colonies.

(Dépêche du 9 décembre 1852, n° 483.)

. . . .

En l'année 1855, dans un travail considérable qui a paru sous le titre de *Sénégambie française*, je disais :

« Si, par la pensée, nous embrassons les pays sénégambiens sur lesquels la France doit exercer son action ; si, pressentant l'avenir, nous voulons, nous élevant à quelque hauteur, contempler l'ensemble des races destinées à vivre sous notre influence ; si nous pouvons démêler les intérêts divers en contact avec les nôtres, notre œuvre présentera quelque utilté.

» La domination de la France s'étend, directement ou par voie d'influence prépondérante, de l'embouchure du Sénégal à la cataracte du Félou ; nous avons donc sous la main un vaste territoire, tributaire naturel de notre commerce ; les développements que peuvent y prendre nos transactions paraissent incalculables. . . . . et cependant, jusqu'à ce jour, le fleuve qui arrose ces contrées, force immense, route commode, n'a vu sur ses eaux que des barques misérables, mettant quarante-cinq jours au moins pour se rendre à Bakel...

» Les pays les plus riches, d'une fertilité merveilleuse, en proie à la misère ; des produits abondants forcément abandonnés ; les trésors en denrées utiles que renferme cette terre étouffés dans leur germe ; ce mince obstacle du Félou considéré comme une barrière infranchissable ; le centre de l'Afrique dédaigné ; les communications, *par l'intérieur*, avec le nord du continent, déclarées, sans examen suffisant, absolument impossibles, quand les caravanes les pratiquent tous les ans ; le haut pays fermé pendant plus de six mois, sans qu'on ait cherché à ménager le plus étroit passage à travers les bancs

du fleuve ; le commerce embarrassé par mille entraves ; la sta-
gnation dans les affaires, la misère et presque le désespoir as-
sis au foyer de l'habitant . . . .
Tel est, et bien faible encore, le tableau de notre situation à
Saint-Louis.

» Nous voudrions, nous, et nous croyons nos vœux suscep-
tibles de réalisation, que Saint-Louis, devenu le centre d'un
commerce important, fît sentir aux populations qui gravitent
autour de lui une influence décisive, salutaire à elles-mêmes
et profitable à notre industrie ; nous voudrions que l'idée française, symbole, à nos yeux, de la plus noble civilisation, pé-
nétrât dans ces pays sur lesquels s'apesantit une barbarie jusqu'à ce jour invincible.

» Loin de nous la pensée qu'il faille conquérir, les armes à
la main, la partie de la Sénégambie que traverse le Sénégal ;
la conquête matérielle est inutile ; mais, il en est temps, l'action morale doit passer aux mains des plus habiles et des plus
éclairés. . . . .
» Les temps marqués pour la transformation des peuples sénégambiens et le développement de notre colonie du Sénégal
nous paraissent arrivés.

» Il y a quelques années, toutes les spéculations, toutes les
préoccupations se concentraient sur la gomme ; le niveau des
transactions et de la richesse locale s'élevait ou s'abaissait en
raison de l'abondance de cette denrée ; il fallait absolument se
mouvoir dans un cercle sans issue, car la gomme ne pouvait
jamais dépasser une certaine limite ; mais, depuis, un produit
nouveau a surgi...; ce produit, destiné à placer le Sénégal au
premier rang des établissements coloniaux, c'est l'arachide ou
pistache de terre.

» La pistache s'est manifestée d'elle-même ; elle a, depuis,
énormément grandi en importance ; il ne s'agit plus aujour-
d'hui que de seconder son essor ; l'industrie humaine a sur elle

une influence décisive ; cette graine correspond à un besoin très-sérieux de la métropole ; elle réunit ce triple avantage : faire, par le commerce, vivre notre population ; pourvoir au besoin de la fabrique métropolitaine ; donner, enfin, une activité nouvelle à la navigation nationale et, par suite, aux intérêts de diverse nature, mais très-importants, qui s'y rattachent et s'en alimentent . . . . »

Mais, pour transformer le Sénégal et en faire, au lieu d'un comptoir à échanges, une véritable colonie, un centre de production de denrées utiles, il fallait, à tout prix, y établir la prépondérance du nom français ; il fallait y donner la sécurité aux populations et leur garantir la paisible jouissance des fruits de leur travail.

Nous avions pour premier devoir de supprimer tous pillages, toutes exactions de la part des Maures ; nous devions relever ces malheureuses races noires courbées sous un joug qui ne leur laissait ni trève ni repos.

M. le ministre Ducos approuva ces vues, et un nouveau gouverneur, M. Faidherbe, reçut la haute et si honorable mission de cantonner les Maures sur la rive droite, et de démontrer aux populations de la rive gauche, que la France, quand elle aurait étendu sur elles sa main protectrice, leur donnerait le repos, la sécurité, le bien-être, auxquels elles aspiraient depuis des siècles.

M. Faidherbe, homme éminent, militaire très-distingué, aussi remarquable par son énergie que par sa haute intelligence, entreprit résolûment cette très-lourde tâche. En quelques années le pays, au point de vue politique, avait changé d'aspect ; le nom français était partout respecté, et les peuples sénégambiens acceptaient notre influence et notre direction.

Le moment était venu d'organiser les divers éléments que nous avions sous la main ; l'entreprise n'était pas facile.

En effet, le gouvernement du Sénégal ne ressemble en rien à celui des autres établissements d'outre-mer; sur ces points d'une étendue restreinte (je mets à part la Cochinchine), habités par une population façonnée depuis longtemps aux lois et aux mœurs françaises, il n'y a qu'à suivre les errements d'une pratique courante; chacun de ces points forme une sorte de département dans lequel il suffit de maintenir une bonne police.

Il n'en est pas de même au Sénégal; l'administration de ce pays présente, en effet, des difficultés particulières.

Quand de Saint-Louis, siége du gouvernement, l'autorité doit faire sentir son bras à des distances très-considérables; agir et faire agir dans des directions diverses; ménager des intérêts qui se combattent; calculer, pour le succès d'un plan, sur des sympathies et des antipathies de races; diriger, sur une étendue de plus de trois cents lieues, une politique qui, pour être efficace, doit tenir compte de mœurs, de préjugés, de fanatismes et de prétentions très-compliquées, il faut un homme énergique et connaissant bien le pays.

M. Faidherbe réunissait toutes les qualités que nécessite une tâche aussi lourde, mais l'état de sa santé ne lui permit pas de mener à fin la transformation de la colonie.

Entraîné, dès le principe, par les résistances qu'il rencontra à l'extérieur, il dut développer et rendre prépondérants l'état et l'organisation militaires; cependant, dans sa pensée, cet état devait être transitoire; ses vues dans l'avenir comportaient sans doute une organisation civile; sa création de commandants civils, restée à l'état de germe, prouve que, dans sa pensée définitive, les divers arrondissements de la Sénégambie devaient, tôt ou tard, passer sous le régime d'une administration purement civile.

Son successeur, M. le colonel Pinet-Laprade, était, sans doute, un homme d'une capacité distinguée; mais, pourquoi ne pas le dire, il avait, plus peut-être que son prédécesseur, une tendance marquée vers les idées d'organisation et d'aministration militaires.

Loin de moi la pensée de me livrer ici à une critique quelconque de l'armée et de ses principes; personne plus que moi ne rend justice aux nobles et glorieuses qualités de ses membres; mais j'ose le croire, et je prends la liberté de le dire, des règles purement militaires ne sauraient présider aux destinées d'un pays; il faut à un pays où domine surtout l'élément commercial, un système d'administration qui laisse à chacun sa libre initiative; qui, sous l'empire de la loi, permette à toute faculté de se produire et de se développer ; qui, enfin, laisse aux transactions privées la liberté la plus complète.

Jetons en ce moment un regard sur le Sénégal; essayons de bien dégager sa situation présente et cherchons quelle serait la combinaison qui pourrait conduire ce pays à une large prospérité.

Saint-Louis, dans le fleuve Sénégal, à quelques lieues de son embouchure, est le siége du gouvernement de la colonie.

De ce point, l'action de l'autorité française s'étend, en remontant le fleuve, jusqu'à la cataracte du Félou, et, en descendant la côte d'Afrique, jusqu'au-delà de Sierra-Leone.

Les Maures, cantonnés sur la rive droite, s'abstiennent aujourd'hui, en raison des rudes leçons que leur a infligées M. Faidherbe, de piller et de réduire en esclavage les noirs, habitants de la rive gauche....

Il faut maintenir cet état de choses... une surveillance très exacte, une force toujours disponible suffisent.

En remontant le fleuve, nous trouvons, sur la rive gauche, le Cayor, le Walo, le Dimar, le Fouta proprement dit, le Damga, le Goye et le Kaméra.

Par Gorée, nous touchons au Baol, au Sine, au Saloum; ces points et Mérinaghène sur le lac Pagniéfoul, nous font aborder le Dgioloff ; les établissements plus au sud, le Cazamance, le Rio Nunez, le Rio-Pongo, la rivière de Malikouré, ne sont accessibles que par mer.

Voilà donc un immense pays! Que produit-il aujourd'hui?

Concentrons, pour un moment, notre attention sur les rives du Sénégal.

Je le dis avec une profonde tristesse, nos transactions avec les populations qui bordent ce fleuve diminuent chaque jour.

Ces populations devaient, tout nous en donnait l'espoir, faire croître à notre intention diverses denrées d'une utilité particulière, et, en première ligne, les graines oléagineuses ; les plantes qui produisent ces graines croissent et se multiplient en Sénégambie avec une facilité merveilleuse : pourquoi ne les cultive-t-on pas sur les bords du fleuve Sénégal?

Le Damga, le Goye et le Kaméra ont donné déjà de la pistache ; mais, en ces contrées, la rémunération du travail était si minime, quand il s'agissait d'arachides, qu'elles ont renoncé à cette production.

En effet, les communications entre Saint-Louis et les pays situés au-delà de Saldé sont interrompues pendant près de huit mois, chaque année ; le fleuve Sénégal, comme tous les cours d'eau de cette partie de l'Afrique, éprouve, de janvier à juillet, une baisse si considérable qu'en certaines parties la navigation devient impossible, même pour les bateaux plats dits chalands.

L'arachide du haut pays est de qualité excellente ; les terres de ces contrées, bien supérieures à celles du bas du fleuve, reproduisent avec une abondance inouïe les semences qu'on leur confie ; mais ces graines, enfermées après la récolte dans des magasins en paille, y subissent des dépréciations désastreuses. En effet, leur volume diminue par évaporation, sous l'influence des vents brûlants qui, pendant six mois, soufflent de l'est, le *simoun*, le *siroco* ; puis, en mai, quand sur viennent les pluies de l'hivernage, les produits mal abrités s'imprègnent d'une humidité qui cause des altérations de substance très-profondes.

Si, à ces désavantages, on ajoute les frais de transport de Bakel à Saint-Louis, on comprend que le prix offert à Bakel soit si peu rémunérateur, que l'indigène ait renoncé à un travail qui, en fin de compte, ne lui laisse presque aucun bénéfice.

Quel remède apporter à ce mal?

Le plus saillant consisterait à rendre le Sénégal navigable toute l'année, au moins pour des barques n'exigeant qu'une faible profondeur.

On obtiendrait ce résultat sans de trop grandes difficultés.

Il n'y aurait qu'à pratiquer une passe sur les deux points qui, aujourd'hui, font obstacle à la circulation, c'est-à-dire à Saldé et à Matam.

Pour réaliser cette importante amélioration, ne faudrait-il pas y affecter toutes les ressources disponibles du budget local? Les études faites sur les lieux ne laissent aucun doute, quand au succès de l'entreprise ; pourquoi ne pas l'avoir tentée déjà ?

Mais nous n'avons pas dit encore toute notre pensée.

Les obstacles matériels que nous avons signalés ne s'opposent pas seuls au développement de nos affaires en Sénégambie ; il semble qu'à mesure que notre prépondérance politique prend de l'extension, les populations s'éloignent de nous ; qu'elles s'éloignent surtout des points fortifiés autour desquels elles trouveraient protection et sécurité... Ce fait est incontestable ; qu'elle en est la cause ?

Pour moi, cette cause réside dans le système d'administration militaire qui, établi en Sénégambie dans des circonstances exceptionnelles, tend à s'y perpétuer.

Il ne faut pas croire que les races habitant ces contrés sont déshéritées d'intelligence, d'esprit de suite et d'observation ; elles ont, de plus, toutes, des habitudes très-enracinées et des idées, ou, si l'on veut, des préjugés qu'il est dangereux de choquer et de combattre ouvertement.

Pour, en dehors de la force dont l'exercice, utile en certaines circonstances, n'a qu'un temps, obtenir une influence efficace sur l'esprit des hommes de la race noire, il faut une patience et un esprit de suite qui les amène ou les ramène aux vues qu'on veut faire prévaloir.

Avec un homme de cette race, si vous tranchez les questions qui l'intéressent, il aura l'air de se soumettre ; mais, au fond, il protestera et vous opposera, avec une rare persistance, cette force d'inertie qui distingue les races longtemps opprimées.

Avec un noir, il faut une mansuétude infinie, ce qui n'exclut pas la fermeté ; il faut l'écouter avec intérêt, raisonner avec lui, *palabrer*, c'est le terme consacré ; il faut respecter ses préjugés, ne pas choquer trop ouvertement ses préventions, s'attacher à tourner la difficulté plutôt qu'à la trancher ; il faut, avant tout, ne pas heurter trop durement ses idées, fausses peut-être, mais qui, lui venant d'habitudes inventérées, sont la base de sa vie sociale.

Or, qu'arrive-t-il dans ces postes dont les commandants sont investis de la direction politique des pays qui les entourent ?

Le commandant, qui la plupart du temps est un militaire, homme souvent nouveau, apporte presque toujours dans ses relations avec les indigènes des habitudes de décision qui l'amènent à trancher dans un sens absolu les questions multiples qui ne manquent pas de surgir. Rencontre-t-il souvent juste dans les solutions qu'il improvise ? Il agit, cela est incontestable, avec la plus entière loyauté ; il cherche le bien, mais, peu initié aux mœurs locales, le trouve-t-il facilement ?

Je pense, moi, que si un système d'administration civile

était organisé au centre du gouvernement d'abord, et ensuite dans les divers postes qui en dépendent ; s'il était formé un corps sérieux de commandants civils ; si ces fonctionnaires apportaient, dans leurs rapports avec nos commerçants et les populations indigènes, un esprit libéral, une patience basée sur la connaissance des mœurs locales ; s'ils se livraient avec un zèle incessant, mais discret, à la propagation de l'idée française ; s'ils entraient dans les mœurs de leurs administrés ; s'ils écoutaient avec patience leurs vœux, leurs réclamations, et en rendaient un compte exact à l'autorité centrale, je pense que les dispositions des indigènes deviendraient confiantes et dévouées, et que la colonie entrerait dans une ère de progrès et de prospérité.

Voyons, en effet, ce qui se passe dans les lieux où l'autorité militaire est absente ou éloignée.

Jetons un regard sur nos établissements du Sud, depuis Rufisque jusqu'au Malikouré. Là règne une activité merveilleuse ; dans le Baol, le Sine, le Saloum, dans la Cazamance, le Rio-Nunez, le Rio-Pongo, dans la rivière de Malikouré, les populations se livrent avec ardeur à la culture de l'arachide ; elles affluent dans nos comptoirs ; les transactions y sont faciles, cordiales, et les produits abondants.

Ce fait, il a une cause ; cette cause vient de la liberté qui préside aux affaires ; nos traitants, livrés à leur activité, ne rencontrant aucune entrave, nouent avec les producteurs des relations amicales, leur font des avances qui les encouragent, leur inspirent ainsi la sécurité et leur donnent pour le travail une ardeur qui profite aux deux parties. Si le Sénégal, pris dans son emsemble, fait environ quarante millions d'affaires par an, il le doit à ces relations qui se sont établies entre les agents de nos maisons de commerce et les indigènes, pleins de confiance en leur bienveillance et leur loyauté.

Cette confiance, il faut qu'elle naisse dans les pays traversés par le Sénégal ; il faut que, par des ménagements habiles, nous persuadions aux populations que notre volonté n'est pas de.les soumettre à un régime qui leur répugnerait ; que, *renonçant aux annexions qui ont si mal réussi, surtout pour le Cayor,* nous entendons leur laisser la plus complète liberté quant à leur administration intérieure ; que nous n'avons qu'un but, leur garantir une entière sécurité et la jouissance paisible des fruits de leur travail.

Tenons pour certain qu'en inaugurant ce régime, la colonie atteindra en peu d'années à un haut degré de prospérité.

Le fleuve, rendu praticable toute l'année jusqu'à la cataracte du Félou, tous les produits du Haut-Pays arrivent à Saint-Louis sans interruption. Pour moi, j'estime qu'avant peu il pourrait sortir par an, de la colonie du Sénégal, cent mille tonneaux d'arachides. Pour qui connaît le pays, ce chiffre n'a rien d'exagéré. Cette masse de produits alimenterait le fret de plus de deux cents navires : les mille relations que fait naître le commerce et qu'il entretient initieraient les populations à nos principes et à nos mœurs. Quand elles seraient convaincues que nous ne voulons que leur bien-être, que nous rémunérons convenablement et exactement leurs travaux ; qu'un esprit de bienveillance, de droiture, de justice et de tolérance nous anime invinciblement et préside à tous nos actes, elles briseraient elles-mêmes les barrières que l'isolement, le fanatisme et mille préjugés ont élevées entre elles et nous, et bientôt nous serions devenus les pacifiques dominateurs de cette vaste partie du continent africain.

La cataracte du Félou est-elle, d'ailleurs, un obstacle invincible à l'expensation de notre influence et de notre commerce dans l'Afrique centrale ?... Le moindre effort nous porte au-delà : du Félou à Gouïna, où se rencontre la seconde cataracte, nous trouvons un fleuve navigable en tout temps, des plaines d'une fertilité merveilleuse, une population industrieuse qui multiplierait ses produits, si elle se trouvait en contact sérieux et persistant avec nous.

Ces deux obstacles *tournés*, nous pénétrons au centre même du continent africain.

Ces pays, qu'un mystère profond a soustraits jusqu'à ce jour à toute investigation sérieuse, sont habités par une race particulière, très-intelligente, très-active, qui n'a aucun rapport d'origine avec la race noire; je veux parler des Puelhs, Pouls. Poulas ou Foulanes, race qui, selon moi, sort de l'Inde et domine au centre du continent africain, depuis la mer Rouge jusqu'à Tomboktou.

Si on réfléchit aux développements que pourraient prendre nos transactions commerciales dans ces contrées, on éprouve un sentiment de vif regret de ce que, jusqu'à ce jour, rien n'ait été tenté dans cette direction.

Maîtres de l'Algérie, est-il déraisonnable de penser que, de ce point, dans un avenir prochain, nous devrons chercher à étendre au centre de l'Afrique notre influence et notre action civilisatrice?

Pour tenter cette entreprise, il suffira, d'un côté, de suivre la route que les caravanes quittant la partie méridionale de l'Algérie parcourent, à travers le Sahara, jusqu'au Haoussa, sur le Dgioliba ou Niger; de l'autre, de remonter vers sa source le fleuve Sénégal jusqu'au point où il se rapproche le plus du Dgioliba. Par ces efforts combinés, on embrasse le centre du continent.

Est-ce là une illusion ?

L'illustre général Daumas, vaste intelligence et noble cœur, dans un ouvrage très-remarquable intitulé : le *Grand désert ou itinéraire d'une caravane du Sahara au pays des nègres* (royaume de Haoussa) a tracé la marche de l'Algérie au Niger; quelques voyageurs intrépides, Raffenel, Hecquard, Reyjeune, tous morts, hélas ! aujourd'hui, ont jeté du côté du Sénégal des jalons lumineux qui marquent la route, en remontant. Pourquoi ces essais ne seraient-ils pas renouvelés? pourquoi, en utilisant notre fleuve, ne chercherions-nous pas à faire jour sur le centre de l'Afrique?

Non, mille fois non! en écrivant ces lignes je n'obéis pas à une décevante illusion; je suis, au contraire, énergiquement convaincu que notre influence et notre commerce doivent s'étendre à l'intérieur, et faire en peu d'années, de notre colonie du Sénégal, un établissement de premier ordre.

Oui, telle est ma conviction; ces idées sont partagées, au Sénégal même, par les esprits qui pressentent l'avenir. Si la colonie pouvait officiellement émettre ses vœux, les idées que je viens de produire se seraient fait jour déjà.

L'ordonnance du 7 septembre 1840 avait établi un conseil général; cette institution si utile a disparu; il est temps, selon moi, qu'elle soit rétablie; le ministre sera ainsi éclairé sur les besoins, les aspirations et les tendances de la colonie. En comparant les éléments fournis par les intéressés à ceux émanés de l'administration locale, sa religion sera complétement éclairée, et bientôt, sous une impulsion nouvelle, la colonie transformée deviendra un centre d'où le nom glorieux de notre France rayonnera sur le continent africain.

Frédéric Carrère.

Président honoraire de la cour impériale du Sénégal.

Bordeaux. — Imprimerie A. PÉREY, rue Porte-Dijeaux, 43.